MEMOIRES
POUR SERVIR A
L'HISTOIRE
DE LA
CAMPAGNE
DES
TROUPES FRANÇOISES,
DEPUIS LA
CONVENTION DE CLOSTER SEIVEN,
Faite en Septembre 1757.
NOUVELLE EDITION,
AUGMENTE'E D'UNE LETTRE
COMMUNIQUE'E
PAR
L'OBSERVATEUR HOLLANDOIS,
PAR RAPPORT
à LA DITTE CONVENTION.

A FRANCFORT ET LEIPSIG,
AUX DEPENS DE LA COMPAGNIE.
M D CC L VIII.

PLAN DES ENVIRONS DE PRAGUE, & de la BATAILLE qui y fut livrée le 6 Mai 1757.

LETTRE
D'UN HANOVRIEN
TOUCHANT
LA CONVENTION
DE
CLOSTER SEIVEN.

INTRODUCTION.*

Convenons, que ces Orateurs gagés par l'Angleterre & par le Roi de Prusse, pour persuader à l'Allemagne que le système de la France est un système de conquête & d'oppression **, n'auroient pas bonne grace de mettre au nombre de leurs preuves la conduite qu'elle a tenue avec les Hanovriens. C'est par des faits qu'il convient de refuter de pareils écrivains. La France en vou-

---

* V. L'Observ. Holl. L. 32.
** V. le Moniteur Britannique, n. CXI.

vouloit-elle à la liberté Germanique, lorsque, pour le bien de la paix, elle a commencé par consentir à la neutralité d'un État qu'elle avoit droit de regarder comme ennemi, & dans lequel les représailles étoient si légitimes ? Chose inconcevable ! ce fut l'Electeur de Hanovre qui refusa cette neutralité, qu'il eût dû demander lui-même comme une grace. Avoit-il des troupes suffisantes pour s'opposer à la conquête de son pays ? Jugeons-en par l'événement. On seroit tenté de croire aujourd'hui qu'il avoit promis de se sacrifier gratuitement à l'ambition de la Cour de Berlin. Où en seroient les Etats de ce Prince, si les Généraux François avoient pris les maximes de cette Cour, & suivoient les exemples qu'elle donne ? Hanovre, Breme, Verden, toutes les Places de l'Electorat, tous les pays de la maison de Brunswik se sont vûs au pouvoir de la France. Le Duc de Cumberland

land ne pouvant plus se deffendre, étoit à la merci des François. Alors cette neutralité, que l'on a refusée pour tout l'Etat, on la propose pour ce petit reste de pays, que l'on tenteroit en vain de conserver par la force. On implore la médiation du Dannemarck; la France veut bien se prêter à une négociation. Que l'on compare le droit de représailles qu'elle avoit sur les Etats d'un Prince son ennemi, avec ce droit de simple précaution que S. M. Pr. alleguoit lorsqu'elle entra en Saxe; que l'on mette en paralelle la Capitulation des Hannovriens & celle des Saxons, & que l'on juge ensuite, qui du Roi de France ou du Roi de Prusse est l'ennemi ou le protecteur du Corps Germanique.

Je n'en dirai pas d'avantage; écoutons les raisonnemens d'un Hanovrien.

LETTRE

Du Capitaine George Tr**. au Chevalier John**.

A Boxtehude le 14. Septembre 1757.

Je n'avois jamais compté moissonner beaucoup de lauriers dans cette belle expedition, dont l'Angleterre avoit eu la générosité de nous charger seuls. J'augurois mal pour l'Electorat de tout ce qui se passoit à Londres. Cette incertitude du gouvernement, ces déplacemens perpetuels de Ministres, cette agitation d'un peuple qui ne nous aime point; tout cela, mon ami, ne me sentoit rien de bon, & quelques avantages que l'on nous promît de cette incorporation miraculeuse, qui devoit ne faire qu'un seul tout, & des Etats de Hanovre & des Royaumes

mes de la Grande Bretagne, je craignois toujours que dans cet énorme Coloſſe dont la tête eſt d'or, nous ne fuſſions les pieds d'argile. Dieu-merci cependant, nous n'avons point été briſés, & je crois qu'actuellement, ſi le Roi notre maître, inſtruit par l'expérience, écoute de meilleurs conſeils, la grande ſtatue pourra tomber ſans que nous quittions le piédeſtal qui nous ſoutient.

Tenez, mon ami ; notre Souverain, à qui Dieu donne une longue vie, reſſemble aſſez à un homme qui auroit deux femmes, & par conſéquent beaucoup de tracaſſeries dans ſon ménage. Il a épouſé l'une par goût, l'autre par ambition. La premiere, d'une condition moins relevée, eſt tendre & ſoumiſe; elle adore ſon mari & a toutes ſes préférences. L'autre eſt une très-grande Dame, qui au fonds ne s'occupe pas trop de lui, & qu'en revanche il n'aime point ; mais qu'il craint & qu'il ménage, parce qu'elqu'elle est riche & qu'elle dispose elle-même des revenus de sa dot.

Nous sommes, mon cher parent, les enfans de l'épouse chérie, aimés de notre pere, mais mal ménes pour les beaux yeux de notre marâtre. Celle-ci comptoit apparemment qu'il en seroit de cette année-ci comme de l'autre. O mon ami ! je me rappelle encore les nuits froides que je passai en pleine campagne pendant l'automne de 1756, les douceurs que nous disoient Messieurs de *Kent* & de *Hampshire*, & l'inhumanité avec laquelle ils refuserent de nous laisser loger dans les misérables chaumières de leurs paysans. J'ai encore sur le cœur les indignités que nous essuïâmes, lorsque campés à *Maidstone* jusques au milieu de Décembre, étourdis par les cris d'une populace qui nous eût volontiers jetté des pierres, nous attendions patiemment qu'il plût aux Ministres de nous renvoyer chez nous.

C'étoit

(9)

C'étoit sans doute par des traitemens si doux, que l'on s'étoit flatté de nous inspirer un grand desir d'aller nous faire donner les étrivières dans notre propre pays. Nous n'avions gagné que des rhumes & quelques maladies à *Maidstone* ; il falloit peut-être que le mauvais air des marais de *Stade* achevât de nous détruire, & qu'on pût dire au printems prochain à notre gloire & à celle des Hessois : " Ici 30000 braves soldats
,, périrent de faim & de misére,
,, pour empêcher les troupes Fran-
,, çoises de sortir de l'Electorat de
,, Hanovre.

Non, Monsieur, non : le Duc de Cumberland à été plus juste, plus sage, plus humain : ce Prince nous aime, il venoit avec tant de plaisir l'année dernière nous passer en revue, pour nous consoler de nos souffrances ! Grace à l'heureuse Capitulation qu'il a souscrite, & après laquelle je n'ai pas eu de peine à obtenir mon congé, je coucherai dans mon lit dès le mois d'Octobre : & sans regretter ni les plaisirs d'hiver que l'on nous a procurés en Angleterre, ni les succès dont on nous flattoit au printems ; j'irai boire à la santé des François & même avec eux. Si les Anglois écrivent à M. le Duc de Chevreuse pour lui faire leurs très-humbles remerciemens (*a*), s'ils déclarent que jamais les François ne les ont si bien servis qu'en se rendant maîtres de l'Electorat ; pourquoi nous autres Hanovriens, qui ne nous trouvons point incommodés du nouveau gouvernement, ne dormirions-nous pas fort tranquilles en attendant la Paix ? Concluons, mon cher parent, que M. le Duc de Cumberland, dût-il à son débarquement être exposé aux insultes du peuple fougueux qui nous a dit tant d'injures, sera loué & applaudi par tout

ce

(*a*) V. l'Etat Politique de la Grande Bretagne, n. 12, Lett. 21.

ce qu'il y a de gens sensés dans ce pays-ci.

Je connois votre folie romanesque, vous m'allez alleguer l'honneur. Ecoutez-moi, mon cher Chevalier, je suis tout aussi bon serviteur de la gloire que vous-même ; mais je la fais consister à sauver & à deffendre sa Patrie. Or si ma définition est juste (en supposant même que l'intention des François eût été de piller, de ravager, de brûler,) lorsque M. le Duc de Cumberland a capitulé, nous étions déja à plus de 50 lieues de l'honneur en tirant du Sud au Nord.

Cet honneur, notre idole, scavez-vous où il étoit placé ? sur les bords du *Weser* pour nous, comme autrefois pour les Grecs au défilé des *Thermopyles*. Que nous fussions morts en disputant aux François le passage de ce fleuve, quelque Anglois éloquent eût du moins fait notre Oraison funebre. Le Moniteur eût

eût dit avec emphase : " Ecoutez,
„ Princes d'Allemagne : les François
„ vinrent les armes à la main pour
„ s'emparer des Etats de Hanovre,
„ tout Israel s'ébranla, & ces bra-
„ ves soldats verserent leur sang
„ pour sauver leur Patrie, tandis
„ qu'à l'autre extrêmité de l'Allema-
„ gne un nouveau Judas Machabée
„ appelloit ses freres au combat, &
„ protegeoit les Tribus fidéles.

Je n'avois point toutes ces belles idées-là dans l'esprit : mais quoique nous eussions deja repassé le Weser, je ne trouvai point étonnant que l'on prît la résolution de livrer la bataille pour défendre *Hamelen.* Notre valeur alors, car il fut prouvé que nous n'en manquions point, pouvoit avoir un objet véritable. Il s'agissoit d'empêcher que les François n'achevassent de se rendre maîtres des Etats de notre Souverain.

Aujourd'hui, Monsieur, je demande à quiconque osera blâmer

S. A. R.

S. A. R., ce que nous avions à defendre dans le poste où la fortune nous avoit conduits. Le Papisme marchoit à côté du Maréchal de Richelieu. Soit. Mais ce Papisme, qu'on affecte de représenter comme si redoutable, & qui certainement ne pense guères à nous, étoit déja fort avancé, s'il avoit été du même pas que les Généraux François. Hanovre & tout son territoire étoient au pouvoir de ceux-ci, la Hesse étoit neutre, les Etats de Brunswick étoient soumis. Appréhendions-nous que le Maréchal de Richelieu n'allât conquerir l'Océan? Etoit-ce l'embouchure de l'Elbe que nous voulions lui disputer? L'ennemi étoit le maître de la maison: falloit-il que dans l'impossibilité où nous étions de l'en chasser, nous nous fissions tous égorger sur le seuil d'une porte de derrière, par laquelle les Anglois n'ont eu garde de venir à notre secours?

Nous

Nous n'aurions donc rien gagné à nous battre. De-là je conclus, mon cher parent, qu'il n'y eût point eu d'honneur à le faire, & que nous avons les plus grandes obligations du monde à Monsieur le Comte de Lynar & aux François.

Allons plus loin. Je vous ai dit que la gloire consistoit à sauver sa patrie. Or la patrie, ce sont les citoyens, ce sont les hommes. Nous devons à la Capitulation le salut de 30000 combattans.

Dans l'état où nous étions, même avant que d'être enveloppés par les ennemis, je le repéte, nous n'avions que trois partis à prendre; ou de nous faire écraser par des troupes supérieures, ou de gagner *Stade*, & de nous y maintenir, dans le jeûne & dans les prieres, jusqu'à ce qu'il eut plû aux François de venir nous en chasser, ou enfin de traiter avec eux aux meilleures conditions qu'ils voudroient nous dicter. Car enfin

cette

cette magnifique Flotte Angloise, qui ayant perdu l'espérance de prendre Ostende & Nieuport, se destina à brûler quelques moulins sur les côtes-de France, n'a pas eu le tems sans doute de nous ouvrir une quatriéme voie.

Le premier parti eût été celui d'un désespoir inutile. Qu'aurions-nous gagné au second, quand même il eût été possible? Notre but ne devoit-il pas être, d'écarter de notre pays des troupes trop nombreuses? Nous étoit-il possible d'enlever seuls aux François une conquête qu'ils avoient faite sous nos yeux, sans que nous pussions arrêter leurs progrès? Devions-nous nous flatter de les engager à évacuer les terres de l'Electorat? Vaines idées, projects chimeriques! Il falloit donc au moins se délivrer d'une partie de leur armée; & puisque notre Souverain n'a pas pû déterminer nos chers Alliés, les Anglois, à nous envoyer cette an-

année les secours, que nous leur portâmes l'année 1756. il falloit recevoir de la France le repos qu'elle a bien voulu consentir à nous donner.

Concluez de-là, Monsieur, que quand le Duc de Cumberland nous auroit tous appellés à son Conseil, il ne pouvoit prendre une résolution qui nous fût ou plus agréable ou plus utile.

Après m'être felicité d'un événement, qui pouvoit écarter de notre pays une guerre, que les Anglois avoient regardée comme fort avantageuse pour eux-mêmes, & qui à coup sûr est très-ruineuse pour nous; je voudrois, je vous l'avoue, pénétrer les raisons qui ont porté les Anglois à nous abandonner. Ce n'est pas que je veuille leur reprocher ce mauvais procédé : de quelque motif qu'il parte, Dieu le leur pardonne ; vous voyez que j'ai l'ame bonne. S'il étoit avantageux aux Anglois de nous trahir, je m'en tiendrois

drois là. Mais c'est ce que je n'ai pû encore me persuader, & c'est de quoi bien des gens en Angleterre ne sont point encore convaincus. Eh, quoi! cette nation si réfléchissante, dit-on, ce peuple de philosophes se laisseroit-il conduire par le caprice? Détruiroit-il aujourd'hui ce qu'il édifioit hier à grands frais?

J'ignore, mon Ami, le détail des petits arrangemens concertés entre notre Maître & le Roi de Prusse. On dit qu'il y a là-dessus d'admirables Mémoires dans les papiers publics d'Angleterre, & qu'il ne s'agit de rien moins que de réformer les Traités de Westphalie : je n'ai point lu tout cela. Je ne vois que ce qui se fait en Allemagne : cela est si savant, cela est si neuf, que je n'y comprends pas encore grande chose ; & quant à moi, si l'on me croyoit, on laisseroit aller l'Empire comme il va. Mais enfin, je veux croire que tous ces plans là sont admirables. Pour les faire réussir il falloit donc nous

B met-

mettre à portée de fermer aux François l'entrée de l'Allemagne : car ces gens-là sont terriblement prévenus pour les Traités de Westphalie. Il ne suffisoit pas de fournir de l'argent aux Prussiens, il falloit nous envoyer des hommes & nous défendre.

Quant aux Anglois, je devine leur politique en gros, quoique le méchanisme des ressorts qu'elle met en jeu, me paroisse inconcevable. Il ne faut pas être bien fin, pour sentir que plus les François auront d'affaires en Allemagne, moins ils pourront songer à leur commerce, à leur marine, à leurs Colonies. Mais de-là il suit aussi, que l'intérêt de la Nation Angloise, comme celui du Roi, étoit de nous fournir des secours réels, & de nous mettre en état d'arrêter du moins les armées Françoises ; car enfin on a beau dire : Monseigneur le Duc de Cumberland, quelque courage qu'il fût capable de nous inspirer, quelqu'excellent Général qu'il soit, ne nous valoit pas dix mille hommes de bonnes troupes.

Quand

Quand ce Prince s'embarqua à *Warwich*, le bruit couroit qu'il seroit bientôt suivi d'un corps de 6000 hommes. De bonne-foi je comptois là-dessus sans trop le souhaiter. Je vis ensuite son Altesse Royale faire danser en arrivant (a) toutes les Dames de Hanovre; & je disois en moi-même: le moyen que l'on fût aussi alerte dans ce pays-ci, si l'on n'étoit pas bien sûr que les François paieront les violons? Hébien, mon ami! nous attendîmes longtems ces 6000 hommes, & quand sont-ils encore venus? Il fallut donc être Armée d'observation & rien de plus. Si bien que pour observer de plus près, nous passames le Weser, & que depuis cette riviere jusqu'aux lieux où devoit finir notre glorieuse campagne, nous n'avons presque pas perdu de vûe l'ennemi. Vous savez même que nous l'avons vû une fois d'assez près pour en être mal menés. Si c'étoit là uni-

B ij que-

___

(a) Le 26. Avril S. A. R. M. le Duc de Cumbeland donna un rand Bal au chaâteau de Hanovre.

quement notre miſſion, graces à Dieu nous l'avons dignement remplie: car moi qui vous parle, je ferois en état de vous rendre compte de tous les campemens des François, & de vous dire, nuit par nuit, tous les endroits où les Généraux ont couché. Vous expliquer pourquoi l'Angleterre n'a pas voulu que nous fuſſions autre choſe qu'une Armée d'obſervation, c'eſt ce qui paſſe mon intelligence. LeRoi ſouhaitoit-il que l'ArméeFrançoiſe ne fît que paſſer pour aller droit à ſon ami le Roi de Pruſſe? Il n'avoit qu'à dire, & il pouvoit même nous épargner la peine & les frais du voyage. La Nation Angloiſe avoit-elle intérêt que Sa Majeſté Pruſſienne hors d'état réſiſter, fît promptement ſa paix avec l'Empire & l'Impératrice, & renvoyât en France les Armées auxiliaires? Demandez-le à cette foule de Miniſtres dont j'ai vû dans les Gazettes une liſte qui ne finit point. Quant à moi, je vous l'avoue, tout

ceci

ceci me passe, & après avoir tout dit dans cette Epitre, puisque je suis en train, je m'en vais tranquillement chez moi méditer tout à mon aise sur la belle Ode: *Beatus ille qui procul negotiis &c.*

Avant que de partir, mon cher parent, je veux vous faire une querelle: elle sera douce. Pourquoi, je vous prie, vous avisez-vous de donner de si beaux conseils contre notre pauvre pays? J'ai été surpris de voir imprimée une longue & très-politique conversation de vous avez eue avec un Anglois refugié (*a*). Où en serions-nous si le Ministére François adoptoit votre specieux systême de représailles, & si l'on vouloit nous faire payer tout ce que le Roi d'Angleterre doit à la France de restitutions? Avec votre permission, mon ami, vous vous êtes laissé trop emporter au ressentiment que vous avez conservé contre ce Monarque. Le Roi de Fran-

_____
(*a*) 28e lettre de l'Observ., ou MEM. *du Tems* 1757. No. 18.

France a eu plus de clemence & d'humanité. Je ne prétends point refuter vos argumens. Vos raisons seroient admirables s'il s'agissoit de faire juger la question dans un tribunal. Mais la Nation qui n'use pas de tous ses droits, la Nation qui sçait modérer sa vengeance, sera toujours la plus respectable aux yeux de l'humanité, & même la plus sage aux yeux de la saine politique. L'ordre le plus parfait regne dans tous les pays de l'Electorat. Il s'y leve quelques contributions; car il est juste que nous fassions vivre le vainqueur qui nous garde. Nous payerons 13. millions au lieu de 16. ou 17. que notre Souverain levoit dans le pays. Du reste, les troupes observent la plus exacte discipline: les villes en passant sous une nouvelle domination ont conservé leur religion, leurs droits & leurs prérogatives. Les loix sont observées, les temples fréquentés, les Magistrats considérés, le commerce libre, le peuple

ple à l'abri des rapines & du brigandage. Les Gouverneurs François font généreux & désinteressés. On m'a assuré qu'un d'entr'eux a refusé 700. louis par mois qui lui ont été offerts par les Etats d'un certain pays. Oh! pour ce trait je le manderai à notre ami M.** qui a l'honneur d'être Aide-de-Camp de S. A. R. Monseigneur le Prince de Prusse.

Le plan des Cours de France & de Vienne paroît facile à pénétrer, parce qu'il est simple : c'est parce que je crois l'appercevoir que j'en souhaite le succès pour le bien même de ma patrie. Que Dieu bénisse le Monarque qui a imaginé le premier qu'il valloit mieux vivre en paix que s'égorger mutuellement & sans fin, & que les grands Etats feroient une bonne œuvre, en s'unissant pour empêcher la désolation des petits!

Ecoutez, mon Ami; nous sommes Allemands. Voyez sur la carte toutes les Souverainetés qui s'étendent depuis le Rhin jusqu'à l'Oder, & depuis la Mer Baltique jusqu'au Golphe de Venise. Nos peuples n'ont point cet avantage dont jouissent les sujets des grandes Monarchies : ceux-ci goûtent au cœur de l'Etat toutes les douceurs de la paix, &, renvoyant sur leurs frontières les calamités de la guerre, ne voient que de très loin les ravages & les incendies. Pour nous, si un mal entendu divise nos Princes, si un Souverain se fache d'une réponse peu *catégorique* qui aura été faite à ses Ministres, sur le champ nous prenons les armes & nous combattons à la vue de nos femmes & de nos enfans, *pro aris & focis*. Nos moissons sont enlevées, nos fermiers ruinés, nos terres demeurent incultes, & la guerre est pour nous un feu dévorant qui consume tout le corps de l'Etat. Voilà le véritable tableau de Allemagne depuis plus de 100 ans. La plûpart des querelles qui ont excité la guerre dans l'Europe, étoient-elles personnelnelles aux Membres du Corps Germanique ? Les Différends entre la France & la Maison d'Autriche pouvoient-ils procurer quelque avantage à nos Princes, ou quelque degré de bonheur à leurs sujets ? Victimes d'une politique qui nous étoit étrangère, combien de fois avons-nous fait des vœux pour l'union de ces deux grandes Puissances, dont l'agitation nous entraînoit, nous précipitoit malgré nous ? Eh quoi ! si leur plan est aujourd'hui de vivre en bonne intelligence, si nous pouvons nous flatter de voir mourir le germe funeste de leurs divisions sanglantes, si la France, engagée par les Traités les plus solemnels à nous protéger, est assez heureuse pour n'avoir plus rien à démêler avec cette Maison d'Autriche, dont le pouvoir ne peut plus nous écraser, & dont les François auroient eux-mêmes tant d'intérêt de réprimer l'ambition ; enfin, si l'Allemagne n'a plus dans son sein de semen-

B v   ces

ces de troubles, que les petits démêlés qui peuvent s'élever parmi ses Princes; ne pouvons-nous pas espérer de ne vivre désormais que sous l'empire de nos loix?

Je sens, mon Ami, que mon style s'éléve, parce que mon cœur s'échauffe à cette idée. Vous n'aimez point notre Maître, & vous chérissez vos compatriotes. Je crois mes sentimens plus justes que les vôtres. Je suis attaché par le cœur à mon Souverain, & je regarde les Anglois, auxquels j'associerai, si vous voulez, les Conseils du Roi de Prusse, comme les ennemis du repos de l'Europe. Je crois que le trouble n'est utile ni aux grands Etats qu'il affoiblit, ni aux petites Souverainetés qu'il épuise. Je mets au rang de ces dernières notre Electorat. La guerre générale & les désordres qui la suivent ne peuvent produire quelque augmentation de pouvoir, qu'à ces Etats du second ordre, qui sortis du rang où ils étoient autrefois placés, &

après

après s'être insensiblement aggrandis, ne croient cependant être qu'à la moitié de leur fortune, & s'imaginent que le mouvement qui les a élevés au-dessus de leurs égaux, les portera jusqu'au niveau des grandes Puissances qu'ils veulent égaler. Cherchez actuellement quels sont ces Etats qui croiroient, en se tenant en repos, s'arrêter au milieu de leur carrière. Le Roi d'Angleterre a été trompé & par ses Ministres & par les insinuations de la Cour de Berlin. Celle-ci lui a donné de fausses idées d'aggrandissement en Allemagne, & les Anglois ont voulu mettre à profit ce prestige. Comme Electeur de Hanovre il devoit souhaiter que la paix d'Allemagne fût appuyée sur des fondemens inébranlables; le Roi de Prusse lui a présenté le plan d'un nouveau Gouvernement Germanique, dans lequel il lui a persuadé qu'il y auroit beaucoup à gagner pour Hanovre. Sa Majesté Britannique a été éblouie du merveil-
leux,

leux, elle n'a pas senti qu'au fonds Sa Majesté Prussienne ne travailloit que pour elle seule, & que si elle réussissoit dans ses projets, tous les Electeurs seroient beaucoup plus dépendans des volontés du Ministère Prussien, que des loix fondamentales, qui sont les conservatrices de leurs droits. Le Roi d'Angleterre a donc envisagé de bonne foi la gloire & la puissance de la Souveraineté qui appartient à sa Maison en Allemagne. Les Anglois, à qui les intérêts de Hanovre sont fort indifférens, ont dit de leur côté : „Tirons „parti de l'erreur de notre Monarque. „Que nous importe que S. M. Pr. „l'enchaîne pour jamais à son char, & „que le crédit des Princes de Bruns- „wick soit anéanti, pourvû que nous „soyons les maîtres d'exciter dans le „Continent des divisions utiles à nos „vûes ? Périsse le patrimoine de la Mai- „son de Brunswick, périsse même, s'il „le faut, la liberté Germanique, pour- „vû que la France emploie à la défendre,

„ dre, des trésors qui eussent servi à „ l'augmentation de sa Marine & au „ maintien de son Commerce!

Au reste, Monsieur, vous voyez dès-à-présent les heureux effets du nouveau système d'union embrassé par les grandes Puissances. Je ne crois pas que les véritables Allemands redoutent assez les efforts de Sa Majesté Prussienne, pour ne pas voir qu'il servira d'exemple au reste de l'Europe. Que ne demandoit-il à accéder au Traité de Versailles? Que n'intéressoit-il à sa propre défense deux Puissances, dont l'une n'eût eu aucun motif de lui faire la guerre, & dont l'autre eût même été obligée de le secourir s'il eut été attaqué? Au lieu de prendre un parti aussi sage, il se flatte de bouleverser l'Allemagne, & sa témérité semble inviter tous les Princes à juger eux-mêmes de la force défensive, qui résulte de l'union qu'il veut braver. Qu'arrive-t-il? Ce que l'on n'eut pû que calculer par théorie, on le démontrera désormais

mais par l'expérience: car s'il est bien prouvé que 200000. hommes conduits par un guerrier tel que le Roi de Prusse, n'ont pû qu'exciter en Allemagne des troubles passagers; si celui de nos Princes qui est le plus en état de se faire craindre, a lui-même trouvé l'affoiblissement de son pouvoir dans les moyens violens qu'il avoit pris pour l'augmenter! quelle Puissance osera désormais troubler notre repos? qui sera assez hardi pour donner atteinte à nos loix? Oui, Monsieur, l'unique vœu de Allemagne doit être aujourd'hui, que l'union des deux Cours soit durable. Elle ne peut être troublée que par l'ambition de l'une ou de l'autre; leur modération sera donc toujours le gage de notre sécurité.

Entre nous, si notre Souverain n'a rien gagné à tout cela; du moins il n'y aura pas beaucoup perdu. J'aime mieux que l'exemple soit tombé sur le Roi de Prusse que sur lui: grace à la sagesse de S. A. R. la bataille de Hastembeck n'a point été meurtrière, &
de-

depuis cette époque notre Général a ménagé la vie des soldats. Les revenus de l'Electorat sont touchés par les François : Ces gens-là amassent peu ; l'argent de Hanovre se consume dans le pays, & les subsides d'Angleterre dédommageront amplement le Roi notre maître de cette perte passagère. Du moins, & je compte ceci pour beaucoup, l'expérience du passé lui aura appris trois ou quatre vérités importantes :

1. Que quand les Anglois feignent de vouloir s'unir si intimement à son Electorat, ce n'est pas qu'ils s'intéressent beaucoup à la prospérité, ni même à la conservation de cet Etat :

2. Que le meilleur plan que puissent suivre les Princes d'Allemagne, quels qu'ils soient, consistera toujours à regarder la constitution Germanique & les loix de l'Empire comme leur force naturelle. Toute alliance étrangère qui aura pour but de rompre ces liens ou de les affoiblir, tendra nécessairement à détruire un pouvoir réel, pour lui substituer une Puissance précaire :

3. Qu'il est très-important au Gouvernement Germanique, qu'aucun Prince
n'aug-

n'augmente tellement en pouvoir, qu'il puisse exciter la guerre toutes les fois qu'il se trouvera gêné par les loix:

4. Enfin, que l'Angleterre, même avec ses richesses & son commerce, ne pourra jamais rendre un Souverain d'Allemagne plus puissant, plus absolu, plus indépendant de la constitution générale; tant que la France & la Maison d'Autriche demeureront unies pour protéger la liberté Germanique.

Si le Roi, notre gratieux Electeur, est bien convaincu de ces maximes, s'il en fait désormais la base de sa politique, quel que soit l'état de l'Angleterre, les peuples de Hanovre seront heureux. Les troubles de la Grande Bretagne ne se répandront que rarement au dehors. Ce sera un feu concentré, qui ne pourra briser sa prison, & les volcans ne seront point à craindre. L'Angleterre ne peut avoir avec les autres Etats de l'Europe que des démêlés de Commerce, qui ne deviendront des sujets de Guerre, que quand les peuples du Continent perdront de vûe leurs véritables intérêts. Adieu, mon Ami.

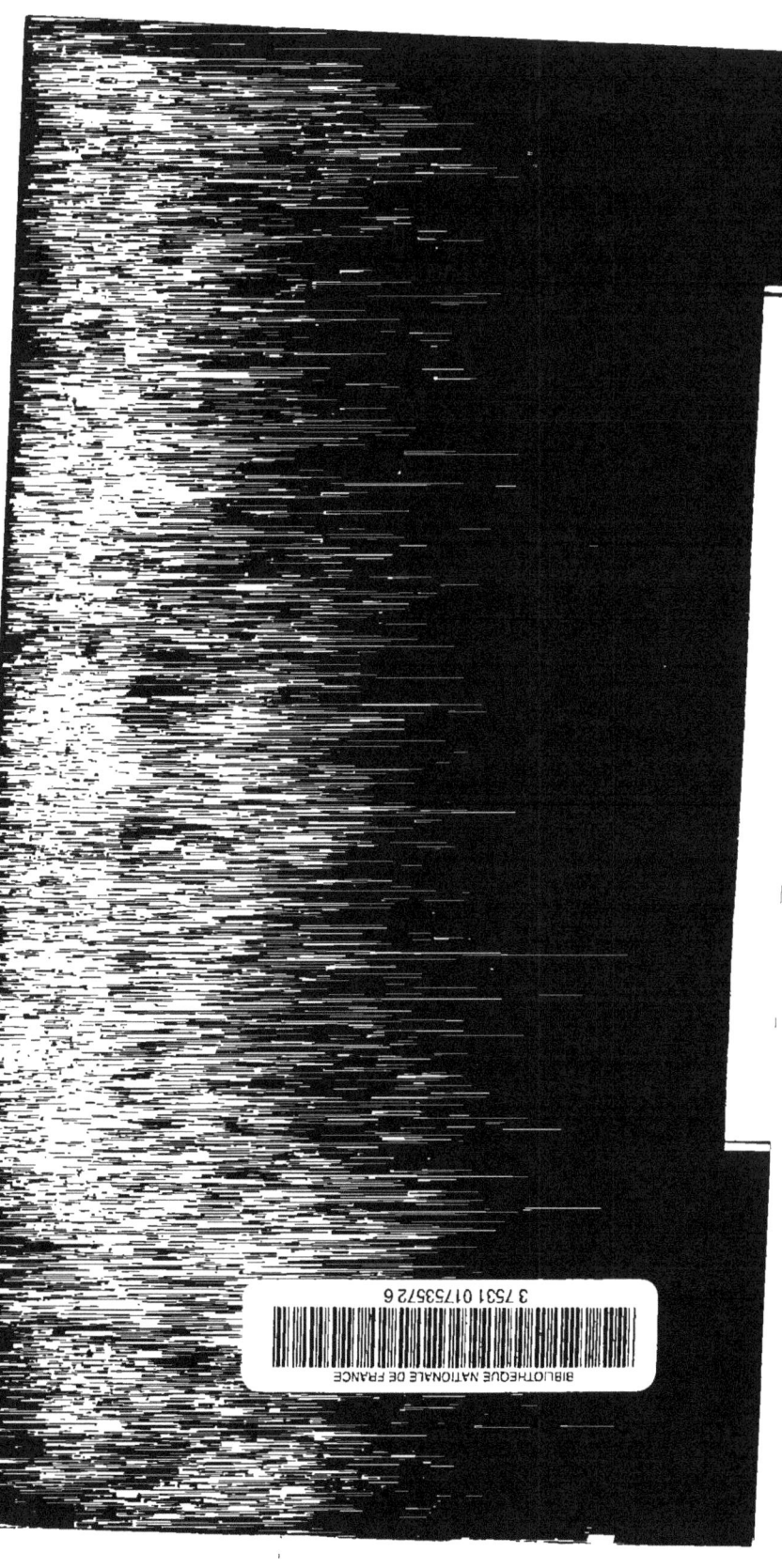
BIBLIOTHEQUE NATIONALE DE FRANCE
3 7531 01753572 6

www.ingramcontent.com/pod-product-compliance
Lightning Source LLC
Chambersburg PA
CBHW061005050426
42453CB00009B/1268